Angelika Kipp

Einfach schön geschmückt

Fenster- und Wandbilder
aus Tonkarton, Bändern und Perlen

frechverlag

Von der bekannten Autorin Angelika Kipp sind im frechverlag zahlreiche weitere Kreativ-Bücher erschienen. Hier eine kleine Auswahl:

TOPP 2280

TOPP 2193

TOPP 2398

TOPP 2451

TOPP 2350

TOPP 2209

Zeichnungen: Berthold Kipp
Fotos: frechverlag GmbH + Co. Druck KG, 70499 Stuttgart;
Fotostudio Ullrich & Co., Renningen

Dieses Buch enthält:
2 Vorlagenbogen

Auflage: 5. 4. 3. 2. 1. | Letzte Zahlen
Jahr: 2003 2002 2001 2000 1999 | maßgebend

© 1999

frechverlag GmbH + Co. Druck KG, 70499 Stuttgart

ISBN 3-7724-2450-3 · Best.-Nr. 2450

Druck: frechverlag GmbH + Co. Druck KG, 70499 Stuttgart

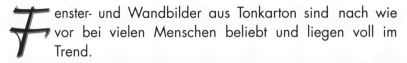 enster- und Wandbilder aus Tonkarton sind nach wie vor bei vielen Menschen beliebt und liegen voll im Trend.

Die Fensterbildermotive, die ich in meinem Buch „Hübsch geschmückt" zusätzlich mit Bändern und Perlen verziert habe, stießen auf riesige Begeisterung! Denn durch diesen Schmuck wirken manche Motive fast plastisch und ausgesprochen dekorativ. Zudem können Sie dazu Bänderreste und Perlen verwenden, die Sie noch bei sich zu Hause haben, oder Sie suchen sich aus der großen Auswahl von Bändern, die der Handel anbietet, Ihre Lieblingsbänder für Ihre Lieblingsmotive aus. Experimentieren Sie einfach mit verschiedenen Bändern so wie bei der Ente auf Seite 1. Hier habe ich die Wirkung ganz unterschiedlicher Bänder ausprobiert. Der Fantasie sind also keinerlei Grenzen gesetzt.

Diese neuen Motive werden Ihnen garantiert gefallen: Der Teddy glänzt heute im besonders schönen Outfit, der Clown schnürt seine übergroßen Schuhe mit bunten Schleifenbändern und selbst der Blumentopf wirkt mit einer Schleife besonders dekorativ. Schauen Sie selbst und suchen Sie sich Ihre Lieblingsmotive aus. Übrigens: Diese Bastelarbeiten sind auch ein nettes Mitbringsel für gute Freunde.

Viel Spaß beim Basteln

wünscht

Angelika Kipp

Arbeitsmaterial

- Tonkarton in verschiedenen Farben
- Dünne Pappe
- Transparentpapier
- Geschenkbänder
- Bunte Holzperlen
- Dünner Messingdraht
- Schwarzer und roter Filzstift
- Bleistift
- Weicher Radiergummi
- Schere
- Bastelmesser (Cutter)
- Schneideunterlage
- Klebstoff, z. B. UHU Alleskleber
- Locher, Lochzange
- Evtl. Kreisschablone (für die Augen)
- Kreisschneider
- Nadel und Faden zum Aufhängen
- Klebeband

Tipps und Tricks beim Basteln

Gestaltung des Motivs von der Vorder- und Rückseite

Ein frei hängendes Fensterbild sollte sowohl von der Vorder- als auch von der Rückseite gearbeitet werden. Hierzu benötigen Sie die meisten Teile in doppelter Ausführung. Die Teile werden auf der Rückseite nur spiegelverkehrt, aber in der gleichen Reihenfolge wie auf der Vorderseite angeordnet.

Deckungsgleiches Aufmalen und Kleben

Die Rückseite sollte absolut deckungsgleich zur Vorderseite gezeichnet und aufgeklebt werden, da weißer Tonkarton durchscheint. Stellen Sie dazu zuerst die Vorderseite des Motivs komplett zusammen, dann drücken Sie die Bastelarbeit bei Tageslicht mit der bereits fertigen Seite gegen eine Fensterscheibe.
Die nun durchscheinenden Kanten und Linien zeigen an, wo auf der Rückseite deckungsgleich nachgezeichnet oder aufgeklebt werden muss.

Aufhängung

Es gibt verschiedene Möglichkeiten, ein Fensterbild aufzuhängen. Sie können zwischen dem altbewährten Faden, einem Geschenkband oder einem Klebeband wählen. Wenn Sie mit einem Faden arbeiten wollen, balancieren Sie das Motiv zwischen Daumen und Zeigefinger aus, bis Sie die richtige Stelle gefunden haben. Mit einer Nadel stechen Sie dann einige Millimeter vom Rand entfernt in den Tonkarton und ziehen den Faden durch. Je größer das Motiv ist, umso eher sollten Sie mit zwei Fäden arbeiten.

Fensterbildgröße

Damit Sie sich die Größe des Fensterbildes besser vorstellen können, ist bei jeder Anleitung die jeweilige Motivgröße in Zentimetern angegeben. Sie bezieht sich auf die Höhe des Fensterbildes aus Tonkarton ohne Bänder und Perlen.

4

Schritt für Schritt erklärt

So entsteht ein Fensterbild:

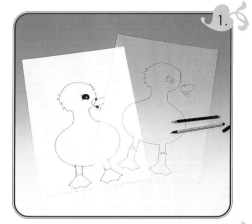

1. Legen Sie Transparentpapier auf das ausgewählte Motiv auf dem Vorlagenbogen und übertragen Sie mit einem Bleistift die benötigten Einzelteile ohne Überschneidungen.

2. Kleben Sie nun das bemalte Transparentpapier auf eine dünne Pappe und schneiden Sie die Einzelteile heraus. Fertig sind die Schablonen! Mit Hilfe dieser Schablonen arbeiten Sie die benötigten Tonkartonteile, indem Sie sie einfach auf den Tonkarton der gewünschten Farbe legen, mit einem Bleistift umfahren und dann die einzelnen Teile sorgfältig ausschneiden.

3. Zeichnen Sie – falls erforderlich – die Gesichter und alle anderen Innenlinien mit schwarzem bzw. rotem Filzstift auf (s. Vorlagenbogen).

Dazu ein kleiner Tip: Nehmen Sie die Linien mit Transparentpapier vom Vorlagenbogen ab, legen Sie es jeweils genau auf die ausgeschnittene Tonkartonform und fahren Sie die Linien mit einem Bleistift unter Druck nach. Dadurch werden die Linien in den Karton gedrückt und können leicht mit dem Filzstift nachgemalt werden.

Fügen Sie zum Schluss die Einzelteile zu dem gewünschten Motiv zusammen – das Foto und die Vorlage geben Positionierungshilfen. Bringen Sie zuletzt die Schleife mit oder ohne Perlen mit ein wenig Klebstoff an. Die Rückseite sollte stets absolut deckungsgleich gearbeitet werden.

Schritt für Schritt erklärt

So entsteht eine Schleife mit Perlen:

1.

Benötigtes Material:
- Breites Schleifenband
- Zum Auffädeln der Perlen: Schmales Schleifenband (0,4 cm breit)
- Dünner Messingdraht
- Perlen

Materialangaben zu jedem Fensterbild finden Sie bei der jeweiligen Anleitung. Bei der Mengenangabe für benötigtes Schleifenband ist das Band für die Aufhängung nicht eingerechnet.

2.

1. und 2.

Legen Sie das breitere Band wie auf den Abbildungen 1 und 2 gezeigt zu einer Schleife zusammen.

3.

Mit einem dünnen Draht wird die Schleife dort, wo sich die Bänder treffen, zusammengerafft. Um die nötige Stabilität zu erreichen, wickeln Sie den Draht drei- bis viermal um diese Stelle herum. Zum Schluss werden die beiden Drahtenden miteinander verdreht.

3.

4.

Sie können die Raffstelle mit dem dünnen Band einfach umwickeln und dieses anschließend auf der Rückseite verkleben. Sie haben aber auch die Möglichkeit, ein dünnes Schleifenband in der Mitte zu verknoten und dann auf dieses nach Belieben Perlen aufzufädeln. Damit die Perlen nicht herunterrutschen, verknoten Sie das Band dort, wo die Perlen befestigt werden sollen.

4.

Ich heiße Waldi

Bitte streicheln Sie mich, aber vorsichtig - ich knittere leicht.

Waldis Auge, seine Nase und alle gepunkteten Linien (s. Vorlagenbogen) werden aufgezeichnet. Legen Sie sein Halsband um. Die Schleife wird am Schwanz des Tieres befestigt.

Hoffentlich fällt die Schleife beim Schwanzwedeln nicht herunter!

Motivhöhe: ca. 18,5 cm

Schleifenbänder:
- *Rot-weiß gepunktetes Band: 2,5 cm breit, 31 cm lang*
- *Rotes Band: 0,4 cm breit, 4 cm lang*

Ein wunderschöner Schmetterling

Motivhöhe: ca. 22 cm

Schleifenbänder und Perlen:
- Rotes Band: 0,4 cm breit, 34 cm lang
- Weißes Band: 0,4 cm breit, 26 cm lang
- Je 6 Perlen in Rot und Weiß, ø 1 cm

Rot-Weiß ist eine wunderschöne frische Farbkombination.
Der zunächst weiße Falter erhält sein zweifarbiges Flügelmuster und das rote Körperteil. Mit einer Lochzange wird in die aufgezeichnete Stelle (s. Vorlagenbogen) ein Loch gestanzt, durch das die Bänder gezogen werden. Fädeln Sie zuletzt die Perlen auf.

Nun fliegt der schön geschmückte Schmetterling durch die Lüfte.

Frisch verliebt!

Motivhöhe: ca. 25,5 cm

Schleifenbänder und Perlen:
- Rot-weiß gepunktetes Band: 2,5 cm breit, 40 cm lang
- Weißes Band: 0,4 cm breit, 47 cm lang
- Rotes Band: 0,4 cm breit, 50 cm lang
- Holzperlen in Rot (4 x) und Weiß (8 x), ⌀ 1 cm
- 3 Doppelkegel in Rot, 1,5 cm x 1,9 cm

Damit sich diese beiden Piepmätze ewige Liebe schwören können, zeichnen Sie die Augen auf (s. Vorlagenbogen). Die Flügel werden mit ausgestanzten Locherpunkten verziert und aufgesetzt. Platzieren Sie das Vogelpaar und das Herz auf dem Dreieck. Das rote und das weiße Band werden mit der großen Schleife verknotet. Bei Perlen, die in der Mitte des Schleifenbandes aufgezogen werden, wird das Schleifenband mit ein wenig Klebstoff bestrichen, damit die Perlen dort haften.

Wird schon bald ein Nest gebaut?

9

Bunter Wackelclown

Gut gelaunt wackelt dieser bunte Clown hin und her.

Zeichnen Sie sein Gesicht und alle gepunkteten Linien (s. Vorlagenbogen) auf. Das Handpaar, die Knöpfe und das gelbe Teil werden auf den Körper geklebt.

Das Gesicht bekommt den Mund und die Nase von vorn, das Haarteil mit dem zweiteiligen Hut, der mit einer Blume dekoriert ist, von hinten. Fügen Sie das Kopf- und das Körperteil zusammen.

Nun fehlt noch die schöne bunte Schleife und dann kann der Clown lustig hin und her wackeln.

Motivhöhe
Bunter Wackelclown:
ca. 28,5 cm

Schleifenbänder:
- Buntes Band: 2,5 cm breit, 30 cm lang
- Rotes Band: 0,4 cm breit, 5 cm lang

Motivhöhe
Lustiger Geselle:
ca. 35,5 cm

Schleifenbänder (jeweils für beide Schleifen):
- Buntkariertes Band: 2,5 cm breit, 60 cm lang
- Blaues Band: 0,4 cm breit, 6 cm lang

Lustiger Geselle

Wenn dieser lustige Geselle mit seinen viel zu großen Schuhen in die Manege stolpert, fliegen ihm alle Herzen zu.

Zeichnen Sie sein Gesicht und alle gepunkteten Linien (s. Vorlagenbogen) auf. Platzieren Sie die Flicken und die Streifen des T-Shirts auf der roten Jacke und ergänzen Sie den Kragen samt Knopf. Die Handschuhe und die Hose mit Schuhen werden unter der Jacke befestigt. Der Kopf erhält den Mund und die Nase. Die Wuschelhaare werden von hinten ergänzt, bevor der Kopf auf dem Körper fixiert wird.

Und jeder Clown, der etwas auf sich hält, schnürt seine Schuhe mit wunderschönen Schleifen!

Ein hübsches Küchenutensil

Diese Kanne wirkt durch ihr Punktemuster in aktuellem Rot-Weiß.

Zeichnen Sie die gepunkteten Linien (s. Vorlagenbogen) auf. Die Kanne erhält den zweiteiligen Deckel und die großen weißen Punkte. Überstehende Teile werden mit der Schere angeglichen.

Binden Sie aus dem gepunkteten Band eine Schleife und verknoten Sie die roten und weißen schmalen Schleifenbänder damit. Wenn die Perlen aufgefädelt sind, kann diese hübsche Kanne Ihren Wohnraum verschönern.

Motivhöhe: ca. 16 cm

Schleifenbänder und Perlen:

- Rot-weiß gepunktetes Band: 2,5 cm breit, 30 cm lang
- Rotes Band: 0,4 cm breit, 42 cm lang
- Weißes Band: 0,4 cm breit, 41 cm lang
- Je 6 Holzperlen in Weiß und Rot, ø 1 cm

Frau Huhn in Rot-Weiß

Der neue Look im Hühnerstall: Rot-Weiß!

Bevor sich das Huhn mit einer Schleife hübsch schmückt, zeichnen Sie das Au-ge und alle gepunkteten Linien (s. Vorlagenbogen) auf. Kamm, Hautlappen und Schnabel werden aufgeklebt.

Nun können Sie das Huhn mit der Schleife und den Perlen modisch stylen.

Motivhöhe: ca. 20 cm

Schleifenbänder und Perlen:
- Rot-weiß gepunktetes Band: 4 cm breit, 55 cm lang
- Rotes Band: 0,4 cm breit, 55 cm lang
- 6 Perlen in Weiß, ø 1,2 cm
- 4 Doppelkegel in Rot, 1,5 cm x 1,9 cm

13

Mein schönstes Sonntagskleid

Habe ich mich heute nicht schick gemacht?

Motivhöhe: ca. 37,5 cm

**Schleifenbänder
(jeweils für beide Schleifen):**
- Rot-weiß kariertes Band: 1 cm breit, 54 cm lang
- Rotes Band: 0,4 cm breit, 10 cm lang

Zeichnen Sie das Gesicht sowie alle gepunkteten Linien (s. Vorlagenbogen) auf. Die Beine mit Schuhen und Söckchen sowie das Handpaar werden unter dem Kleid fixiert. Kragen und weiße Verzierungen schmücken das Kleid. Setzen Sie das Kopfteil mit den Haaren auf den Körper. Die Zöpfe werden von zwei Schleifen gehalten.

Was für ein hübsches Sonntagskleid!

Bin ich nicht schick?

Auch ich habe heute meine schönste Schleife umgebunden.

Motivhöhe: ca. 27 cm

Schleifenbänder:
- Buntkariertes Band: 2,5 cm breit, 33 cm lang
- Rotes Band: 0,4 cm breit, 4 cm lang

Zeichnen Sie das Gesicht und alle gepunkteten Linien (s. Vorlagenbogen) auf. Heute trägt der kleine Kuschelbär ein gelbes Hemd und eine rote Hose. Ergänzen Sie die Innenohrteile. Zuletzt wird die Schleife angebracht.

Dies ist wirklich ein schicker Teddy!

Familienplanung

Eifrig wird im Vogelhäuschen ein gemütliches Nest gebaut.

Zeichnen Sie den beiden Vögelchen jeweils ihr Auge auf. Das Vogelhäuschen wird zusammengebaut und das Vogelpaar mit den aufgesetzten Flügeln darauf platziert. Eine Schleife und aufgefädelte Holzoliven verschönern das Heim.

Nun kann der Nachwuchs kommen!

Motivhöhe: ca. 29 cm

Schleifenbänder und Perlen:

- Buntkariertes Band: 2,5 cm breit, 45 cm lang
- Rotes Band: 0,4 cm breit, 32 cm lang
- 2 Holzoliven in Rot, 0,9 cm x 2,9 cm

Die Vogelhochzeit

Ein schönes Paar gibt sich hier das Ja-wort!

Zeichnen Sie die Augen und alle ge-punkteten Linien (s. Vorlagenbogen) auf. Der Vogelmann erhält den Schna-bel und seinen zweiteiligen Zylinder, die Vogelfrau das Blümchen, den Schnabel und das Haarband. Setzen Sie die beiden auf den Ast mit Blättern, der auf einem Tonkartonherz ruht. Zu-letzt erhalten Braut und Bräutigam ihre Schleifen.

Herzlichen Glückwunsch und alles Gute für die Zukunft!

Motivhöhe: ca. 24 cm

Schleifenbänder:
- Rotes Band: 1,5 cm breit, 30 cm lang
- Rotes Band: 0,4 cm breit, 20 cm lang (Braut) und 4 cm lang (Bräuti-gam)
- Weißes Band: 0,4 cm breit, 20 cm lang

Gerade geschlüpft

Gerade geschlüpft, blickt das kleine Küken voller Staunen in die weite Welt.

Zeichnen Sie die Augen, das Schnabelinnere und alle gepunkteten Linien (s. Vorlagenbogen) auf. Das Ei und das geschlüpfte Küken mit seinem aufgeklebten Schnabel werden ins Nest gesetzt. Schmücken Sie das gemütliche Heim mit einer Schleife und den dazugehörigen Perlen.

Motivhöhe: ca. 14,5 cm

Schleifenbänder und Perlen:
- Buntkariertes Band: 3 cm breit, 40 cm lang
- Gelbes Band: 0,4 cm breit, 80 cm lang
- Je 5 Holzperlen in Gelb und Grün, ø 1 cm
- 4 Doppelkegel in Grün, 1,5 cm x 1,9 cm

Das Küken wartet jetzt noch gespannt auf sein Geschwisterchen, das sicherlich bald schlüpfen wird.

Ein schönes Plätzchen!

Von hier oben hat das kleine Entchen eine tolle Aussicht.

Zeichnen Sie das Auge und den Schnabelstrich auf (s. Vorlagenbogen). Der Flügel trennt sich gut vom Körper, wenn Sie ihn schwarz umranden.

Das nette Küken erhält den Schnabel, das Fußpaar und den Flügel. Hier oben auf dem mit Blättern geschmückten Ast fühlt sich das Tier richtig wohl. Die wuscheligen Haare werden mit einer Schleife zusammengehalten.

Das ist wirklich ein tolles Plätzchen!

Motivhöhe: ca. 35 cm

Schleifenbänder:
- *Rot-weiß gepunktetes Band: 2,5 cm breit, 36 cm lang*
- *Rotes Band: 0,4 cm breit, 3 cm lang*

Lustiger Pünktchen-Look

Die Kuh Lotte trägt den topaktuellen Pünktchen-Look auf der Kuhweide.

Motivhöhe: ca. 41,5 cm

Schleifenbänder:
- Rot-weiß gepunktetes Band: 2,5 cm breit, 32 cm lang (pro Schleife)
- Rotes Band: 0,4 cm breit, 4 cm lang (pro Schleife)

Zeichnen Sie das Gesicht und alle gepunkteten Linien (s. Vorlagenbogen) auf. Die Kuh erhält ihre schwarzen Fellflecken, den Schwanz und das Maul. Das lustige Tier hat sich mit zwei Schleifen geschmückt.

Damit fällt man auf dem Land echt auf!

Besonders hübsch herausgeputzt

Heute hat sich Schnatt besonders hübsch mit einer originellen Schleife geschmückt. Zeichnen Sie alle schwarz markierten Stellen (s. Vorlagenbogen) auf. Der Schnabel und das Fußpaar werden von vorn auf den Körper geklebt. Binden Sie der kleinen Ente eine Schleife um.

Nun wird die ganze Entenschar aber staunen!

Motivhöhe: ca. 32 cm

Schleifenbänder:
- Blaues Band mit weißen und grünen Punkten: 4 cm breit, 44 cm lang
- Blaues Band: 0,4 cm breit, 5 cm lang

Ich mag dich!

Leicht verlegen nimmt das schüchterne Hundemädchen die Liebeserklärung entgegen.

Zeichnen Sie die Augen, die Nasen und alle gepunkteten Linien (s. Vorlagenbogen) auf. Die Pfoten werden schwarz umrandet, damit sie sich gut vom Körper trennen. Bringen Sie das Fellmuster an. Das Hundemädchen legt ein rotes Halsband an, ihr Verehrer trägt eine zwei-

teilige Blume in der linken Pfote. Schmücken Sie beide Tiere mit den gepunkteten Schleifen.

Solch eine nette Liebeserklärung erhält man nicht alle Tage!

Motivhöhe: ca. 37,5 cm (linker Hund)

Schleifenbänder:
- Rot-weiß gepunktetes Band: 4 cm breit, 42 cm lang (pro Schleife)
- Rotes Band: 0,4 cm breit, 5 cm lang (pro Schleife)

Ich schenk dir ein Blümchen

Überraschung! Dieses Blümchen hab ich für dich gepflückt!

Zeichnen Sie das Auge und den Mundstrich auf. Die weißen Teile und danach die Nase werden auf den Körper geklebt. In der Pfote hält das kleine Tier ein zweiteiliges Blümchen. Eine bunte Schleife schmückt das niedliche Tier.

Solch ein nettes kleines Stinktier!

Motivhöhe: ca. 28 cm

Schleifenbänder:
- Buntkariertes Band: 2,5 cm breit, 33 cm lang
- Rotes Band: 0,4 cm breit, 5 cm lang

Ein kleiner Waschbär

Der kleine Waschbär lässt mit seiner großen Blume seinen ganzen Charme spielen.

Motivhöhe: ca. 27 cm

Schleifenbänder:
- Gelb-weiß gepunktetes Band: 2,5 cm breit, 35 cm lang
- Gelbes Band: 0,4 cm breit, 4 cm lang

Zeichnen Sie das Auge und alle gepunkteten Linien (s. Vorlagenbogen) auf. Das weiße Bauch/Brustteil, die schwarzen und weißen Gesichts- und Schwanzteile werden aufgeklebt. Nun erhält der kleine Charmeur seine schwarze Nase. In der linken Pfote hält der Waschbär eine dreiteilige Blume, die mit einer Schleife geschmückt ist.

Wer kann da schon widerstehen?

Eine pflegeleichte Blume

Diese Topfblume ist sehr pflegeleicht.

Sie müssen nur die dreiteilige Blume in den Topf pflanzen und den Topf mit dem Schleifenband und der Schleife dekorieren.

Fertig!

Motivhöhe: ca. 24 cm

Schleifenbänder:
- Rot-weiß kariertes Band: 1 cm breit, 40 cm lang
- Rotes Band: 0,4 cm breit, 4 cm lang

Frisches Obst

Dieses Obst ist sehr dekorativ.

Jedes Obststück erhält seinen Stiel, seine vertrocknete Blüte und das Blatt. Der Apfel und die Birne werden mit einer Schleife und Perlen geschmückt.

Guten Appetit!

Motivhöhen:
Apfel ca. 22,5 cm, Birne ca. 30 cm

Schleifenbänder und Perlen:

- Rot-weiß kariertes Band: 2,5 cm breit, 35 cm lang (pro Frucht)
- Rotes und weißes Band: 0,4 cm breit, 23 cm lang (pro Frucht)
- Holzperlen in Rot (2 x), Weiß (2 x) und Grün (8 x), ø 1 cm

Ein kleines Kaninchen

Dieses Kaninchen möchte gern an Ihrem Fenster Platz nehmen.

Es benötigt sein aufgemaltes Gesicht und alle gepunkteten Linien (s. Vorlagenbogen). Ergänzen Sie das Innenohrteil und das Schwänzchen.

Auf der Rückseite sollten Sie absolut deckungsgleich kleben und zeichnen, da helles Papier durchscheint (s. Tipps und Tricks, S. 4).

Schmücken Sie das Häschen mit einer Schleife und Perlen.

Es wird sich an Ihrem Fenster gewiss sehr wohlfühlen!

Motivhöhe: ca. 17 cm

Schleifenbänder und Perlen:
- *Blaukariertes Band: 1 cm breit, 38 cm lang*
- *Weißes Band: 0,4 cm breit, 30 cm lang*
- *Holzperlen in Weiß (2 x) und Blau (4 x), ø 1 cm*

Frisch aus dem Wald

Dieser Pilz ist nicht zum Verzehr geeignet, sieht aber sehr dekorativ an Ihrem Fenster aus.

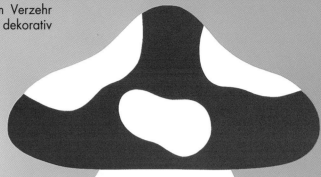

Kleben Sie die mit weißen Flecken versehene Kappe auf den Stiel. Der Pilz wirkt mit der Schleife, den Bändern und den Perlen besonders hübsch.
Vielleicht haben Sie bald eine ganze Pilzfamilie an Ihrem Fenster?

Motivhöhe: ca. 20 cm

Schleifenbänder und Perlen:
- *Rotes Band: 2,5 cm breit, 37 cm lang*
- *Weißes Band: 0,4 cm breit, 40 cm lang*
- *Je 4 Holzperlen in Rot und Weiß, ø 1,2 cm*
- *2 Holzoliven in Rot, 0,9 cm x 2,9 cm*

29

Hübsch geschmückt

Ein langer Hals kann mit bunten Schleifen wunderschön geschmückt werden.

Zeichnen Sie alle schwarz markierten Stellen und gepunkteten Linien (s. Vorlagenbogen) auf. Die zweiteilige Mähne und die Hörner werden aufgeklebt.
Nun braucht die Giraffe noch ihr braunes Fellmuster. Drei wunderschöne Schleifen schmücken den Hals.

Echt hübsch!

Motivhöhe: ca. 40,5 cm

Schleifenbänder:
- *Blau-weiß gepunktetes Band: 1 cm breit, 20 cm lang (pro Schleife)*
- *Rot-weiß gepunktetes Band: 1 cm breit, 20 cm lang*
- *Rotes Band: 0,4 cm breit, 3 cm lang*
- *Blaues Band: 0,4 cm breit, 3 cm lang (pro Schleife)*

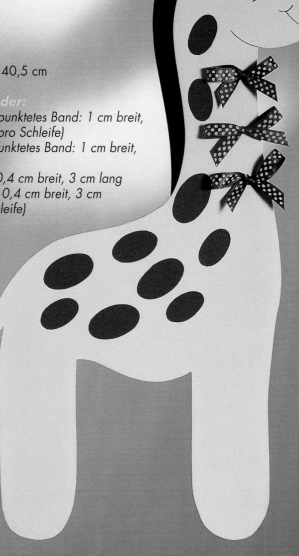

Pass gut auf!

Die kleine Seiltänzerin hat wirklich Applaus verdient!

Zeichnen Sie das Gesicht und alle gepunkteten Linien (s. Vorlagenbogen) auf.

Die Akrobatin erhält ihr gelbes Hemd, das rote Röckchen und die Schuhe mit den Riemen. Ergänzen Sie das Kopfteil mit den aufgesetzten Innenohrteilen und platzieren Sie es auf dem Körper. Zwischen den rechten Pfotenteilen hält die Seiltänzerin einen zweiteiligen Schirm mit vielen, mithilfe eines Lochers ausgestanzten Punkten. Dekorieren Sie das Kleidchen mit einer Schleife.

Pass gut auf, dass du nicht vom Seil fällst!

Motivhöhe:
ca. 35 cm

Schleifenbänder:
• Blaukariertes Band:
  1,5 cm breit,
  21 cm lang
• Blaues Band: 0,4
  cm breit, 3 cm lang

Ein Lausbub

Dieser kesse Lausbub hat sicher schon einiges angestellt.

Motivhöhe: ca. 38,5 cm

Schleifenbänder:
- Blau-weiß kariertes Band: 1,5 cm breit, 20 cm lang (für beide Hosenträger)
- Gelbes Band: 0,4 cm breit, 40 cm lang (für beide kleinen Schleifen)

Zeichnen Sie sein Gesicht, die Hemdknöpfe und alle gepunkteten Linien (s. Vorlagenbogen) auf. Das Schuhpaar und das Hemd samt Armen werden hinter der mit Flicken besetzten Hose fixiert. Die Punkte auf dem einen Flicken werden mithilfe eines Lochers ausgestanzt.

Kleben Sie die Hosenträger aus Schleifenband und danach passende Knöpfe auf. Das Gesicht wird auf das Haarteil geklebt. Befestigen Sie den Kopf auf dem Körper. Zuletzt werden die Schleifen der Schuhe gebunden.

Was mag er wohl im Schilde führen?